POSTCARDS FROM THE SMALL BLUE WORLD

THE FEELINGS KEEPER WEAR SCARLET

JOHN J. A. MARTZHALL

Melody poetry sources, to the nine half steps on the chromatic scale constituting three tritones between two melodic notes of a tetrachord in light state, the harmony between these nine half steps together is the realization of coexistence represented in a Goddess traveling through the universe while acquires sound forms known as the nine girls from the stars, who came to the small blue world and were proclaimed as the queen empress, whose title is granted for dominating "The feelings keeper" inside each person, these nine half steps instruct a philosophy of self-coexistence to the people who enter the small blue world, in order to dominate "The feelings keeper" inside themself; The masculinity of "the feelings keeper" is proportional to the femininity in nine half steps that constitute this electromagnetic power inside each person.

spanish version

Fuentes de poesía melódica; Para los nueve semitonos de la escala cromática que constituyen tres tritonos entre dos notas melódicas de un tetracordio en estado lumínico, la armonía entre estos nueve semitonos juntos es la realización de la coexistencia representada en una Diosa viajando por el universo mientras adquiere formas sonoras conocidas como las nueve niñas provenientes de las estrellas, quienes llegaron al pequeño mundo azul y fueron proclamadas como la reina emperatriz, cuyo galardón se otorga por dominar al guardián de los sentimientos en el interior de cada persona, estos nueve semitonos instruyen una filosofía de auto coexistencia, a las personas que ingresan en el pequeño mundo azul con el fin de dominar al guardián de los sentimientos dentro de sí mismos; La masculinidad en el guardián de los sentimientos es proporcional a la feminidad en nueve semitonos que constituyen este poder electromagnético dentro de cada persona.

Contents

[illegible]

Preface

Fascinating queen empress, never question your criteria, when night comes do not allow in your mind thoughts whose purpose is to feed feelings preventing you from sleeping; Coexist with your own feelings will make you feel balanced; Anxiety is a feel and must be dominate like any other feeling, evaluating your capacity for self-control is the purpose of all feelings, you must understand that you are not anxiety, when you feel the reaction, understand it as something external to you, it is like entering a great room with many people you are not those people; You must dominate the feeling of doubt, you can control the feelings, you can do it and you can do more; Fear is another feel, if you allow fear inside it is the opportunity to practice you are not afraid, you are never alone, the reaction will always be with you; The feeling of bewilderment must be overcome with self-control, use cunning with yourself when you identify the feelings inside you. Remember, the feeling of sadness is manifested inside you with the only purpose that you understanding who are you really; The white color reflected by you through The feelings keeper is the self-control of the feelings inside you, now are dispelled the ideas in your mind of an unexpected circumstance, isolating the imagination that manufacture those thoughts whose purpose is to intensify the feelings in the heart, while this reaction creates the ideal reality by breathing consciously; When the feelings keeper reflects the black color of many feelings that suffocate, favoring or disfavoring the ideal reality in your own lifestyle, breathe shows that you are in control; You will always be good at the reality that you choose to live identifying itself as a philosophical icon of self-coexistence in the small blue world.

spanish version

Fascinante reina emperatriz, nunca cuestiones tu criterio, al llegar la noche no permitas en tu mente pensamientos cuyo proposito es alimentar sentimientos, impidiéndote dormir; Coexistir con tus propios sentimientos te hará sentir equilibrada; La ansiedad es un sentimiento y debe ser dominado como cualquier otro sentimiento, evaluar tu capacidad de autocontrol es el propósito de todos los sentimientos, debes entender que no eres ese sentimiento, cuando sientas la reacción, entiéndela como algo externo a ti, es como ingresar en una gran sala con muchas personas, tú no eres aquellas personas; Debes dominar el sentimiento de duda, puedes controlar los sentimientos, puedes hacerlo y puedes hacer mucho más; El miedo es otro sentimiento, si permites que el miedo ingrese es la oportunidad perfecta de practicar, no eres el miedo, nunca estás sola, la reacción siempre estará contigo; Estar desconcertado es un sentimiento que se supera con el autocontrol, usa la astucia contigo misma cuando identifiques los sentimientos dentro de ti; El sentimiento de tristeza se manifiesta interiormente con el único propósito de entender quién eres realmente. El color blanco reflejado por el guardián de los sentimientos es el autocontrol de los sentimientos dentro de ti, ahora en tu mente se disipan las ideas de una circunstancia inesperada, aislando la imaginación que se encarga de fabricar aquellos pensamientos cuyo propósito es intensificar los sentimientos en el corazón, mientras esta reacción crea la realidad ideal respirando conscientemente; Cuando el guardián de los sentimientos refleja el color negro de muchos sentimientos que te sofocan, favoreciendo o desfavoreciendo la realidad ideal en tu propio estilo de vida, respirar demuestra que tienes el autocontrol; Siempre se te dará bien la realidad que elijas vivir identificándote como icono filosófico de auto coexistencia en el pequeño mundo azul.

Prologue

"Postcards from the small blue world - The feelings keeper wear scarlet" is the compendium of perspectives proposed by "The feelings keeper" in the broad abstract field of the mind through the senses; "The feelings keeper" is a character identified inside people as a source of energy used favorably or unfavorably in the optimal development of any lifestyle in the daily path of people; The character in mention has a fundamental role in the construction of the lifestyle chosen at will by those who create an ideal reality; "The feelings keeper" expresses in literature a basic principle of coexistence between one person and their own feelings, Through self-control parameters that can be deciphered throughout the reading, whose poetry that itself is written with a feeling of affection, in order of capturing the attention of the reader, who identifies and finds by his own criteria "The feelings keeper" inside himself. Coexisting with your own feelings is not synonymous with resisting feelings or avoiding them, feelings are life and a magnificent power of electromagnetic energy creating circumstances around each person. When people enter the small blue world their first step is to achieve self-control by understanding that they are not their own feelings, thus, the second step is to create the reality of new circumstances around them, reflecting self-coexistence from inside.

spanish version

"Postales del pequeño mundo azul - El guardián de los sentimientos se viste de escarlata" es el compendio de perspectivas que propone el guardián de los sentimientos en el amplio campo abstracto de la mente,

a través de los sentidos; El guardián de los sentimientos es un personaje identificado en el interior de cada persona como la fuente de energía utilizada favorable o desfavorablemente en el desarrollo óptimo de cualquier estilo de vida en la cotidianidad de las personas; El personaje en mención tiene un papel fundamental en la construcción del estilo de vida elegido a voluntad por quienes crean una realidad ideal; El guardián de los sentimientos, expresa en la literatura un principio básico de coexistencia entre una persona y sus propios sentimientos, a través de parámetros de autocontrol que se pueden descifrar a lo largo de la lectura, cuya poesía en sí misma está escrita con un sentimiento de afecto, con el propósito de captar la atención del lector, que identifica y encuentra con su propio criterio al guardián de los sentimientos dentro de sí mismo. Coexistir con tus propios sentimientos no es sinónimo de resistirse o evitar a los sentimientos interiormente, los sentimientos son la vida y un magnífico poder de energía electromagnética creando circunstancias en torno a cada persona. Cuando las personas ingresan al pequeño mundo azul, su primer paso es lograr el autocontrol al comprender que no son sus propios sentimientos, así, el segundo paso es crear la realidad de nuevas circunstancias a su alrededor, reflejando la auto coexistencia desde su interior.

1. Your criteria

To: the queen empress, precious woman, philosophical icon of self-coexistence.
"Your criteria named me the reaction in the heart, the purpose of life knows me as the one who shares the container of the heart, the ideas of your mind molded with the imagination in thoughts become and feed me in the heart, I'm the one who reflects the feelings from inside you, I'm the feelings keeper the energy of creation". Only you are the most suitable and coherent writing for your life, it is beautiful when you create your own reality with harmony; Coexisting with feelings while you breathe, is a relevant purpose when empowering your own lifestyle.
From: the small blue world, lovingly, the feelings keeper wear scarlet.

spanish version

Para: la reina emperatriz, preciosa mujer, icono filosófico de auto coexistencia.
"Tu criterio me nombró la reacción en el corazón, el propósito de la vida me conoce como aquel que comparte el recipiente del corazón, las ideas de tu mente moldeadas con la imaginación en pensamientos se convierten y me alimentan en el corazón, soy quien refleja los sentimientos desde tu interior, soy el guardián de los sentimientos, la energía de la creación". Solo tú eres la escritura más adecuada y coherente para tu vida, es hermoso

cuando creas tu propia realidad con armonía; Coexistir con los sentimientos mientras respiras, es un propósito relevante a la hora de empoderar tu propio estilo de vida.
De: el pequeño mundo azul, cariñosamente, el guardián de los sentimientos viste de escarlata.

To: the lovely sweet heart of queen empress, philosophical icon of self-control and self-coexistence in the universe.
To begin to identify yourself as a philosophical icon of self-control, you must define the word cunning by implementing it with yourself, identify all the ideas in your mind, do it in real time, just contemplate the ideas of your ideal reality and use the imagination only to harmonize those ideas, the purpose is to persuade feelings in the heart when you enter the small blue world; "I see the dawn sky accompanied by the uniqueness of a resplendent triton moon, if you observe, after a few minutes you will be able to contemplate the sunset".
From: the small blue world, lovingly, the feelings keeper wear scarlet.

spanish version

Para: el encantador y dulce corazón de la reina emperatriz, icono filosófico de autocontrol y auto coexistencia en el universo.
Para comenzar a identificarse como un ícono filosófico del autocontrol, debes definir la palabra astucia implementándola contigo misma, identifica todas las ideas en tu mente, hazlo en tiempo real, solo contempla las ideas de tu realidad ideal y

utiliza la imaginación solo para armonizar esas ideas, el propósito es persuadir los sentimientos en el corazón cuando ingresas al pequeño mundo azul; "Observo el cielo de la madrugada, acompañado por la singularidad de una resplandeciente luna tritón, si observas, al cabo de unos minutos podrás contemplar el ocaso".

De: el pequeño mundo azul, cariñosamente, el guardián de los sentimientos viste de escarlata.

2. You , I

To: the pretty queen empress with beautiful eyes; Isolate your imagination from thoughts.

You , I, or every single person on the small blue world, expressed in musical terms, we're like unison twice on the chromatic scale, the first unison is the human body and the second unison controls the feelings so the body will be balanced; About us? the self-control; All feelings are the other musical grades wanting to occupy the body identifying themselves as the feelings keeper, in the heart of each person; I think that each feeling inside, should be understood as a person who approaches, the nervous system of the body perceives that person through the senses, just as we are not the other people, we are never the feelings, when any person in some unexpected circumstance around them stores feelings in the heart, it's the perfect opportunity to practice and evolve fulfilling the purpose of life, that reaction in the heart, is just the nervous system of the body reporting to the brain that something is happening; We have to be a little predisposed to feelings; Only the will of each person should allow the right feelings for their lives. Keep your way in any circumstance, precious queen empress, enjoy the moment and build an ideal life, empowering your lifestyle; Time passes fast, but is it just a clock turning, it is so important to create your own reality in real time, you have that magnificent power, and it is something extremely

valuable.
From: the small blue world, lovingly, the feelings keeper wear scarlet.

spanish version

Para: la bella reina emperatriz de hermosos ojos; Aísla tu imaginación de los pensamientos.
Tú, yo, o cada persona en el pequeño mundo azul, expresado en términos musicales, somos como el unísono dos veces en la escala cromática, el primer unísono es el cuerpo humano y el segundo unísono controla los sentimientos para que el cuerpo esté equilibrado; ¿Quienes somos nosotros?, el autocontrol; Todos los sentimientos son los otros grados musicales esperando ocupar el cuerpo al identificarse como el guardián de los sentimientos, en el corazón de cada persona; Pienso que cada sentimiento en el interior, debe entenderse como una persona que se acerca, el sistema nervioso del cuerpo percibe a esa persona a través de los sentidos, así como nosotros no somos las otras personas, nunca somos los sentimientos, cuando cualquier persona en alguna circunstancia inesperada a su alrededor se permite sentimientos en el corazón, es la oportunidad perfecta de practicar y evolucionar cumpliendo con el propósito de la vida, esta reacción en el corazón, no es más que el sistema nervioso del cuerpo informando al cerebro que algo está pasando; Tenemos que estar un poco predispuestos a los sentimientos; Sólo la voluntad de cada persona debe permitir los sentimientos adecuados para su vida. Mantén tu camino en cualquier circunstancia preciosa reina emperatriz, disfruta el momento y construye una vida ideal empoderando tu

estilo de vida; El tiempo pasa rápido, pero es solo un reloj que gira, es tan importante crear tu propia realidad en tiempo real, tienes ese magnífico poder, y es algo extremadamente valioso.
De: el pequeño mundo azul, cariñosamente, el guardián de los sentimientos viste de escarlata.

To: beautiful Empress Queen of sweet smile
Implements an intellectual and physical routine on the path that daily life offers you, with this methodology you will achieve an infallible discipline whose only purpose is to keep the body active as you focus your attention towards the mind and you use all your senses towards what surrounds so, you to identify in real time the ideas that arise inside your mind from different unexpected circumstances of life in the small blue world.
From: the small blue world, lovingly, the feelings keeper wear scarlet.

spanish version

Para: la bella reina emperatriz de la dulce sonrisa.
Implementa una rutina intelectual y física en el camino que te ofrece la vida diaria, con esta metodología lograrás una disciplina infalible cuyo único fin es mantener el cuerpo activo mientras enfocas tu atención hacia la mente y utilizas todos tus sentidos hacia lo que te rodea, para que identifiques en tiempo real las ideas que surgen dentro de tu mente a partir de diferentes circunstancias inesperadas de la vida en el pequeño mundo azul.

De: el pequeño mundo azul, cariñosamente, el guardián de los sentimientos viste de escarlata.

3. I think, feelings

To: the pretty queen empress of beautiful eyes, to isolate the feelings is to dominate "The feelings keeper" inside.
I think, feelings without ideas will not be able to supply themselves and will simply dissipate as you breathe, allow only those feelings chosen by their own will to build your ideal reality with new circumstances established around you; Only you are the best guide to create a perfect lifestyle, be constant in your discipline considering the ideas in your mind impartially so ideas are isolated from feelings; Precious heart you have the strength to develop extraordinary abilities, in the small blue world.
From: the small blue world, lovingly, the feelings keeper wear scarlet.

spanish version

Para: la bella reina emperatriz de hermosos ojos, aislar los sentimientos es dominar al guardián de los sentimientos en el interior.

Pienso que los sentimientos sin ideas no podrán autoabastecerse y simplemente se disiparán a medida que respires, permite que sólo aquellos sentimientos elegidos por tu propia voluntad construyan tu realidad ideal con nuevas circunstancias establecidas a tu alrededor; Solo tú eres la mejor guía para crear un estilo de vida perfecto, sé constante en tu disciplina considerando las ideas en tu mente con imparcialidad para que las ideas estén aisladas de

los sentimientos; Precioso corazón tienes la fuerza para desarrollar habilidades extraordinarias, en el pequeño mundo azul.
De: el pequeño mundo azul, cariñosamente, el guardián de los sentimientos viste de escarlata.

To: the lovely sweet heart of queen empress in the small blue world.
In our mind flows all the time a source of ideas, these ideas are created by various circumstances around us in the small blue world; All kinds of ideas are used by the imagination to mold the thoughts that fuel the feelings when we use the senses, i think that the feelings, in musical terms, are like a tetrachord with a distance of three tritons or nine half-steps between two notes, prompting "The feelings keeper" to occupy the heart in each person, like colorful feelings generated in unexpected circumstances of real life.
From: the small blue world, lovingly, the feelings keeper wear scarlet.

spanish version

Para: el encantador y dulce corazón de la reina emperatriz en el pequeño mundo azul.
En nuestra mente una fuente de ideas fluye todo el tiempo, estas ideas son creadas por diversas circunstancias que nos rodean en el pequeño mundo azul; Toda clase de ideas son utilizadas por la imaginación para moldear los pensamientos que abastecen los sentimientos cuando usamos los sentidos, yo pienso que los sentimientos, en términos musicales, son como un tetracordio

con una distancia de tres tritonos o nueve semitonos entre dos notas, incitando al ***guardián*** *de los sentimientos a ocupar el corazón de cada persona, como coloridos sentimientos generados en circunstancias inesperadas de la vida real.*
De: el pequeño mundo azul, cariñosamente, el guardián de los sentimientos viste de escarlata.

4. The small blue world

To: the sweet heart of queen empress, philosophical icon of self-coexistence.

The small blue world inside itself is an instinctive living being, i think that all kinds of circumstances inside it are its feelings whose purpose is to make people's create fortuitous realities using instinctive feelings inside themself due to an involuntary and unconscious attitude; The feelings of the small blue world is the reason for moving uncontrollably for 365 days orbiting in the universe, these movement at high speed is a circumstance and the most evident feeling of "the small blue world" directly related with "the feelings keeper" inside people; The only purpose of theses circumstances is to make the humanity that inhabits the world, the involuntary creator of innumerable realities produced by all kinds of feelings occupying the heart in the body of each person.

From: the small blue world, lovingly, the feelings keeper wear scarlet.

spanish version

Para: el dulce corazón de la reina emperatriz, icono filosófico de la auto coexistencia.

El pequeño mundo azul en su interior es un ser vivo instintivo, pienso que todo tipo de circunstancias dentro de el mundo son sus propios sentimientos, cuyo propósito es hacer que las personas creen realidades fortuitas utilizando los sentimientos instintivos dentro de sí mismos debido a una actitud involuntaria e inconsciente; Los sentimientos del pequeño mundo azul son la razón por la que se mueve sin control durante 365 días, orbitando en el universo, ese movimiento a gran velocidad es una circunstancia, y el sentimiento más evidente de "el pequeño mundo azul" relacionándose directamente con "el guardián de los sentimientos" dentro de las personas; El único propósito de estas circunstancias es hacer de la humanidad que habita el mundo, la creadora involuntaria de innumerables realidades producidas por todo tipo de sentimientos que ocupan el corazón en el cuerpo de cada persona.

De: el pequeño mundo azul, cariñosamente, el guardián de los sentimientos viste de escarlata.

To: the beautiful queen empress with cunning attitude in self-coexistence.

The definition of attitude implemented in the small blue world is to understand the heart of each person as a container occupying the same place twice, self-control must precede feelings that initially occupy the heart, beautiful queen empress cunning is skill to understand who is each person inside, due the circumstances surrounding their own life to obtain a benefit, preventing instinctive feelings from creating the reality involuntarily that constitutes daily life in each person, in those identify as icons of self-control. Pretty woman with attitude of self-coexistence, the purpose of persuading the feelings in oneself with cunning attitude is to dispel the instinctive circumstances of the small blue world around us, establishing at will the new circumstances of an ideal reality empowering a lifestyle in real time, while this happens the small blue world orbits creating the longed-for reality of an ideal circumstance, and established around those who by their own will, allow the feelings in the heart with self-control, identifying themselves as philosophical icons of self-coexistence in the universe.

From: the small blue world, lovingly, the feelings keeper wear scarlet.

spanish version

Para: la bella reina emperatriz con actitud astuta en la auto coexistencia.

La definición de actitud, implementada en el pequeño mundo azul es entender el corazón de cada persona como un recipiente que ocupa dos veces el mismo lugar, el autocontrol debe anteceder a los sentimientos que inicialmente ocupan el corazón; Bella reina emperatriz la astucia es la habilidad para comprender quién es cada persona por dentro, debido a las circunstancias que rodean su propia vida obteniendo un beneficio, al evitar que los sentimientos instintivos creen involuntariamente la realidad que constituye la cotidianidad de cada persona, en aquellos identificados como íconos del autocontrol. Mujer bonita con actitud de auto coexistencia, el propósito de persuadir los sentimientos en uno mismo con actitud astuta es disipar las circunstancias instintivas del pequeño mundo azul que nos rodea, estableciendo a voluntad las nuevas circunstancias de una realidad ideal que empodera un estilo de vida en tiempo real, mientras esto sucede el pequeño mundo azul orbita creando la ansiada realidad de una circunstancia ideal, y se establece entorno a quienes por voluntad propia, permiten los sentimientos en su corazón con autocontrol, identificándose como íconos filosóficos de la auto coexistencia en el universo.

De: el pequeño mundo azul, cariñosamente, el guardián de los sentimientos viste de escarlata.

5. I think, the uncontrolled

To: Gentle summer eyes, to dominate "The feelings keeper" is to isolate the imagination.
I think, the uncontrolled feelings that occupy the body are instinctive, while the controlled feelings we allow in the body are spontaneous when we identify ourselves as icons of self-coexistence; Sweet empress queen, i contemplate that you are spontaneous to establish new circumstances around you; By allowing some personalized ideas inside the mind in real time, you keep the feelings spontaneous with the imagination; Dominate of feelings requires isolating the imagination from thoughts, because the thoughts feed feelings, when you achieve to implement this methodology inside the mind, you will be able to use the imagination molding the preferred ideas, in the construction of the ideal reality using thoughts to feed your own feelings in a lifestyle chosen by you, when you enter the small blue world.
From: the small blue world, lovingly, the feelings keeper wear scarlet.

spanish version

Para: Ojos tiernos de verano, dominar al guardián de los sentimientos es aislar la imaginación.
Pienso que los sentimientos descontrolados que ocupan el cuerpo son instintivos, mientras que los sentimientos controlados que permitimos en el cuerpo son espontáneos cuando nos identificamos

como íconos de la auto coexistencia; Dulce reina emperatriz, contemplo que eres espontánea para establecer nuevas circunstancias a tu alrededor; Al permitir algunas ideas personalizadas dentro de la mente en tiempo real, mantienes los sentimientos espontáneos con la imaginación; El dominio de los sentimientos requiere aislar la imaginación de los pensamientos, debido a que los pensamientos alimentan los sentimientos, cuando logres implementar esta metodología dentro de tu mente, podrás utilizar la imaginación moldeando las ideas preferidas, en la construcción de la realidad ideal utilizando pensamientos para alimentar tus propios sentimientos en un estilo de vida elegido por ti, cuando te adentras al pequeño mundo azul.

De: el pequeño mundo azul, cariñosamente, el guardián de los sentimientos viste de escarlata.

To: the queen empress, gentle summer eyes, to dominate "The feelings keeper" is to isolate the imagination.

Gentle queen empress, The feelings keeper is the co-star in each person's life, to coexist with oneself, it is important to focus attention around while the senses are used to store ideas in the mind, those ideas are shaped by the imagination, and when people understand the purpose of thoughts as the food of feelings, a wonderful electromagnetic energy creating a new reality is finally reflected. You are a brave woman who identifies as self-coexistence icon in the universe dispelling instinctive feelings coming from the circumstances around you in the small blue world, the spontaneous brightness in you is fascinating when you establish the new circumstances that constitute your own reality in the lifestyle chosen by you; The circumstances of the day to day in the small blue world are supplied with the instinctive feelings that occupy the heart in the body of each person, prolonging a reality created involuntarily.

From: the small blue world, lovingly, the feelings keeper wear scarlet.

spanish version

Para: la reina emperatriz, gentiles ojos de verano, dominar al guardián de los sentimientos es aislar la imaginación.

Gentil reina emperatriz, el guardián de los sentimientos es el coprotagonista en la vida de cada persona, para coexistir con uno mismo, es importante canalizar la atención hacia el entorno mientras los sentidos son utilizados para almacenar ideas en la mente, esas ideas se moldean con la imaginación, y cuando las personas entienden el propósito de los pensamientos como el alimento de los sentimientos finalmente se refleja una maravillosa energía electromagnética creadora de una nueva realidad. Eres una mujer valiente que se identifica como ícono de la auto coexistencia en el universo, disipando sentimientos instintivos provenientes de las circunstancias que te rodean en el pequeño mundo azul, es fascinante tu brillo espontáneo cuando estableces las nuevas circunstancias que constituyen tu propia realidad con el estilo de vida que elijas; Las circunstancias del día a día en el pequeño mundo azul, son alimentadas con los sentimientos instintivos que ocupan el corazón en el cuerpo de cada persona,

prolongando una realidad creada involuntariamente.
De: el pequeño mundo azul, cariñosamente, el guardián de los sentimientos viste de escarlata.

6. By dispelling

To: The queen empress, your spring smile is the summer harmony of an autumnal experience with the force of winter; To breathe is to coexist with yourself.

By dispelling the instinctual feelings while you breathe the circumstances gradually dissipate around you, then you begin to sort the ideas in your mind allowing to supply spontaneous feelings, thus, the new circumstances are established around you, creating a new reality or preserving it when these unexpected circumstances around you favor your chosen lifestyle in the small blue world; Sweet empress queen, the harmony of a warm summer is the realization of self-coexistence based on self-control, understanding that people are not their own feelings while using breath and silence of thoughts when dominate "the feelings keeper" inside; Empress queen, the experience granted by the path represented as the daily life of each person, in real time allows directing all the attention towards the thoughts while breathing balances the reaction in the heart geting self control; The intensity in the power of the electromagnetic energy reflected from the heart reaches high levels, it is "the feelings keeper" manifesting inside each person, and is the reason for implementing conscious breathing; Queen empress of attractive winter force, with a simple voluntary breath in the constancy of your daily life, establishing self-coexistence with your own feelings gives you the ability to

transform the reality around you in real time, empowering your own lifestyle.
From: the small blue world, lovingly, the feelings keeper wear scarlet.

spanish version

Para: La reina emperatriz, tu sonrisa primaveral es la armonía estival de una experiencia otoñal con la fuerza del invierno; Respirar es coexistir contigo mismo.
Preciosa sonrisa primaveral, al disipar los sentimientos instintivos mientras respiras, las circunstancias se disipan gradualmente a tu alrededor, luego comienzas a ordenar las ideas en tu mente permitiendo que surjan sentimientos espontáneos, así, las nuevas circunstancias se establecen creando una nueva realidad o preservándola cuando estas circunstancias inesperadas a tu alrededor favorecen tu estilo de vida elegido en el pequeño mundo azul; Dulce reina emperatriz, la armonía de un cálido verano es la realización de la auto coexistencia basada en el autocontrol, entendiendo que las personas no son sus propios sentimientos mientras usan la respiración y el silencio de los pensamientos cuando dominan al guardián de los sentimientos interiormente; Reina emperatriz, la experiencia que otorga el camino representado como la vida cotidiana de cada persona, en tiempo real permite dirigir toda la atención hacia los pensamientos mientras la respiración equilibra la reacción en el corazón logrando el autocontrol; La intensidad en el poder de la energía electromagnética reflejada desde el corazón alcanza niveles elevados, es el guardián de los sentimientos que se manifiesta

en el interior de cada persona, y es la razón de implementar la respiración consciente; Reina emperatriz de atractiva fuerza invernal, con un simple respiro voluntario en la constancia de tu vida diaria, establecer la auto coexistencia con tus propios sentimientos te da la capacidad de transformar la realidad que te rodea en tiempo real, empoderando tu propio estilo de vida.
De: el pequeño mundo azul, cariñosamente, el guardián de los sentimientos viste de escarlata.

To: the lovely smart eyes in the queen empress, to dominate "The feelings keeper" is to isolate the ideas.
The immensity of the universe is a spontaneous living being by its nature of self-control, with instinctual feelings permissive but delimited by self-control and with spontaneous feelings selected by its own will; Twice, the feelings of the universe are an extraordinary power electromagnetic traveling for the space at the speed of light to enter through the senses in the body of the people who inhabit the small blue world; The purpose of this energy source is keep instinctive circumstances around people; Who persuade the feelings inside themselves by identifying as philosophical icons of self-coexistence, will persuade the feelings of the universe to empower their own lifestyle on the small blue world.
From: the small blue world, lovingly, the feelings keeper wear scarlet.

spanish version

Para: los hermosos ojos inteligentes de la reina emperatriz, dominar el guardián de los sentimientos es aislar las ideas.

La inmensidad del universo es un ser vivo espontáneo por su naturaleza de autocontrol, con sentimientos instintivos permisivos pero delimitados por el autocontrol y con sentimientos espontáneos seleccionados por su propia voluntad; Dos veces, los sentimientos del universo son un extraordinario poder electromagnético que viaja por el espacio a la velocidad de la luz, para entrar a través de los sentidos en el cuerpo de las personas que habitan el pequeño mundo azul; El propósito de esta fuente de energía es mantener las circunstancias instintivas alrededor de las personas; Quienes persuaden los sentimientos dentro de sí mismos identificándose como íconos filosóficos de la auto coexistencia, persuadirán los sentimientos del universo empoderando su propio estilo de vida en el pequeño mundo azul.

De: el pequeño mundo azul, cariñosamente, el guardián de los sentimientos viste de escarlata.

7. In musical terms

To: the lovely smart eyes in the empress queen, to dominate "The feelings keeper" is to isolate the thoughts.

In musical terms, probably that splendid electromagnetic power has a formula; I think that the body is like the scarlet unison in weight training posture exerting a dominant force like an upwards chord with 6 half-step between two of its notes, + while the weight exerts a subdominant force like a downward chord with a tritone interval between two of its notes, = the resulting < wave is a wonderful tritone electromagnetic power occupying the body of the people, who inhabit the small blue world in the immensity of the universe established by a magnificent architect of constellations.

From: the small blue world, lovingly, the feelings keeper wear scarlet.

spanish version

Para: los hermosos ojos inteligentes de la reina emperatriz, dominar al guardián de los sentimientos es aislar los pensamientos.

En términos musicales, probablemente ese espléndido poder electromagnético tenga una fórmula; Pienso que el cuerpo es como el unísono escarlata en postura de entrenamiento con pesas, ejerciendo una fuerza dominante como un acorde ascendente con 6 semitonos entre dos de sus notas, + mientras que el peso

ejerce una fuerza subdominante como un acorde descendente con un intervalo de tritono entre dos de sus notas, = la onda < resultante es un maravilloso poder electromagnético tritonal que ocupa el cuerpo de las personas, quienes habitan el pequeño mundo azul en la inmensidad del universo establecido por un magnífico arquitecto de constelaciones.
De: el pequeño mundo azul, cariñosamente, el guardián de los sentimientos viste de escarlata.

To: Sweet empress queen, wise woman in the immensity of the universe, educating attention is isolating ideas.
In real time all the attention of that colossal spontaneous living being by nature is perceived, and if you demonstrating self-control, its electromagnetic power will be persuaded, only then, the spontaneous feeling that the human body occupies, will be of absolute magnitude to create with harmony the new reality in a chosen lifestyle for own will, coexisting with "The feelings keeper" inside oneself in the small blue world; The instinctive reaction inside each person, in an unexpected circumstance of real life, is represented by "the feelings keeper" persuading each person in the mind, people's attention is directed to a wellspring of innumerable ideas molded by the imagination storing in the mind repetitive thoughts as images or sounds; Sweet queen empress, to educate the attention of the mind, is to seek only the relevant ideas of reality that builds a lifestyle selected by one's own will.

From: the small blue world, lovingly, the feelings keeper wear scarlet.

spanish version

Para: La dulce reina emperatriz, mujer sabia en la inmensidad del universo, educar la atención es aislar las ideas.

En tiempo real se percibe toda la atención de ese colosal ser vivo espontáneo por naturaleza, y si demuestras autocontrol, su poder electromagnético será persuadido, entonces y sólo entonces, el sentimiento espontáneo que ocupa el cuerpo humano, será de magnitud absoluta para crear con armonía la nueva realidad en un estilo de vida elegido por voluntad propia, coexistiendo con el guardián de los sentimientos dentro de uno mismo en el pequeño mundo azul; La reacción instintiva dentro de cada persona, en una circunstancia inesperada de la vida real, está representada por el guardián de los sentimientos persuadiendo a cada persona en la mente, la atención de las personas se dirige a una fuente de innumerables ideas moldeadas por la imaginación, almacenando en la mente pensamientos repetitivos como imágenes o sonidos; Dulce reina emperatriz, educar la atención de la mente, es considerar únicamente las ideas pertinentes de la realidad que construye un estilo de vida seleccionado por voluntad propia.

De: el pequeño mundo azul, cariñosamente, el guardián de los sentimientos viste de escarlata.

8. You have realized

To: the queen empress of pretty thoughts, the small blue world spin for those in control of themselves.

You have realized yourself in complete harmony with your own feelings, now you are a fascinating woman, precious philosophy from the stars you are a philosophical icon of self-coexistence in the universe; You have considered patience as something relevant in the constant of your daily discipline to dominate "The feelings keeper" inside, i contemplate this characteristic as your valuable possession; Sweet smile of countless butterflies, i think the only intention to attract the attention of fascinating persons, who are part of an ideal reality is to allow the ideas of a family sympathy are established in the mind, using a wonderful sculptor of ideas such as the imagination supplying the thoughts destined to feed the feelings, while a valuable friendship is built in the small blue world, to share the universal knowledge that implies the fulfillment of the purpose of life.

From: the small blue world, lovingly, the feelings keeper wear scarlet.

spanish version

Para: la reina emperatriz de los pensamientos bonitos, el pequeño mundo azul gira para quienes tienen el control de sí mismos.

Te has realizado en completa armonía con tus propios sentimientos, ahora eres una mujer fascinante, preciosa filosofía proveniente de las estrellas eres un icono filosófico de la auto coexistencia en el universo; Has considerado la paciencia como algo relevante en la constante de tu disciplina diaria para dominar al guardián de los sentimientos en tu interior, contemplo esta característica como tu valiosa posesión; Dulce sonrisa de innumerables mariposas, creo que la única intención de atraer la atención de personas fascinantes, que forman parte de una realidad ideal, es permitir que las ideas de una simpatía familiar se establezcan en la mente, usando un maravilloso escultor de ideas como es la imaginación suministrando pensamientos destinados a proveer los sentimientos, mientras se construye una valiosa amistad en el pequeño mundo azul, compartiendo el conocimiento universal que implica cumplir con el propósito de vivir.

De: el pequeño mundo azul, cariñosamente, el guardián de los sentimientos viste de escarlata.

To: the beautiful empress queen of countless thoughts, to isolate thoughts is to dominate "the feelings keeper" inside.

Cunning queen empress whose attention is directed to the only relevant second in the life, right now; The time and the distance do not separate true friendships. Remember that feelings create reality in real time, it is a supernatural phenomenon; To use feelings you must demonstrate self-control by being the owner of your own heart, this is the place where "The feelings keeper" inhabits; The people enter in the small blue world are not their own feelings, however the feelings can obey to each person; Beautiful queen empress, philosophical icon of self-coexistence, the god of desire is a feeling projecting its bow twice by doing the will of each person identified as a philosophical icon of self-coexistence, the first projection is surely to obtain other people's friendship, thust, when each person in the small blue world understands the relevance of coexisting with their own feelings they fulfill the purpose of life, acquiring mainly the faculty of self-control to interactuate with others around, and understanding that the feelings keeper dwells uncontrollably inside others.

From: the small blue world, lovingly, the feelings keeper wear scarlet.

spanish version

Para: la bella reina emperatriz de innumerables pensamientos, aislar los pensamientos es dominar al guardián de los sentimientos.

Astuta reina emperatriz cuya atención se dirige al único segundo importante en la vida diaria, ahora mismo; El tiempo y la distancia no separan las verdaderas amistades. Recuerda que los sentimientos crean la realidad en tiempo real, es un fenómeno sobrenatural; Para usar los sentimientos debes demostrar autocontrol siendo dueño de tu propio corazón, este es el lugar donde habita el guardián de los sentimientos; Las personas que ingresan al pequeño mundo azul no son sus propios sentimientos, sin embargo los sentimientos pueden obedecer a cada persona; Hermosa reina emperatriz, icono filosófico de auto coexistencia, el dios de el amor y la amistad es un sentimiento proyectando su arco dos veces al hacer la voluntad de cada persona identificada como icono filosofico de auto coexistencia, la primera proyección seguramente es para obtener la amistad de otras personas, así, cuando cada persona en el pequeño mundo azul comprende la relevancia de coexistir con sus propios sentimientos cumple el propósito de la vida, adquiriendo principalmente la facultad de autocontrol para interactuar con los demás a su alrededor, y entendiendo que el guardián de los sentimientos habita incontrolablemente en los demás.

De: el pequeño mundo azul, cariñosamente, el guardián de los sentimientos viste de escarlata.

9. It is a peaceful night

To: Sweet heart, beautiful queen empress, to understand who you are is to differentiate yourself from "the feelings keeper" in the heart.

"It is a peaceful night preceding the cold sky of the dawn, announcing your precious spontaneous brightness in the warm afternoon that accompanies you, fascinating scientific woman"; To identify as a philosophical icon of self-coexistence in the small blue world is to fulfill the purpose of life; Involuntarily each person in his daily life experiences fortuitous circumstances with the reaction flourishing inside unaware of the opportunity in real time that implies empowering their own lifestyle using the ability to create the reality, coexisting with their own feelings; The personalized structures to achieve self-coexistence are based on the attitude of each person, whose will must establish self-control as the difference between involuntary feelings or instinctive feelings and feelings established at will or spontaneous feelings. Beautiful force of inexhaustible electromagnetic power, extending in the heights with the same intensity that overflows the depths, goddess stellar, twice you inhabit each one of the nine girls from the stars, like harmonies that dominate "the feelings keeper" who bowing to the queen empress as the source of creation in the small blue world.

From: the small blue world, lovingly, the feelings keeper wear scarlet.

spanish version

Para: Dulce corazón, hermosa reina emperatriz, comprender quién eres es diferenciarse de el guardián de los sentimientos en el corazón.

"Es una noche apacible que precede al cielo frío del alba, anunciando tu precioso brillo espontáneo en la cálida tarde que te acompaña, fascinante mujer científica"; Identificarse como un icono filosófico de la auto coexistencia en el pequeño mundo azul es cumplir con el propósito de la vida; Involuntariamente cada persona en su vida diaria experimenta circunstancias fortuitas con la reacción floreciendo en su interior mientras desconocen la oportunidad en tiempo real que implica potenciar su propio estilo de vida utilizando la capacidad de crear la realidad, coexistiendo con sus propios sentimientos; Las estructuras personalizadas para lograr la auto coexistencia se basan en la actitud de cada persona, cuya voluntad debe establecer el autocontrol como la diferencia entre sentimientos involuntarios o sentimientos instintivos y sentimientos establecidos a voluntad o sentimientos espontáneos. Bella fuerza de inagotable poder electromagnético, extendiéndose en las alturas con la misma intensidad que desborda las profundidades, Diosa estelar, dos veces habitas en cada una de las nueve niñas provenientes de las estrellas, como armonías que dominan al guardián de los sentimientos que se inclina ante la reina emperatriz como la fuente de la creación en el pequeño mundo azul.

De: el pequeño mundo azul, cariñosamente, el guardián de los sentimientos viste de escarlata.

To: the scientist woman of sweet smile, philosophical icon of self-coexistence on the small blue world.
Queen empress, poetry of sweet smile, cruelty is another feeling that must be dominated if it really approaches to try to occupy the body; Beautiful woman, you are a philosophical icon of self-coexistence when people consider only their own feelings as the source of the circumstances flowing around them achieving empower the lifestyle in their own reality, only each person in the small blue world is the best guide to fulfill his life purpose; Precious queen empress, one of the privileges granted by coexisting with your own feelings is to transform the feelings inside the heart of other people, achieving coexist with those around you.
From: the small blue world, lovingly, the feelings keeper wear scarlet.

spanish version

Para: la mujer científica de dulce sonrisa, icono filosófico de auto coexistencia en el pequeño mundo azul.
Reina emperatriz, poesía de dulce sonrisa, la crueldad es otro sentimiento que hay que dominar si de verdad se acerca a intentar ocupar el cuerpo; Hermosa mujer, eres un ícono filosófico de la auto coexistencia cuando las personas consideran solo sus propios sentimientos, como la fuente de las circunstancias que fluyen a su alrededor logrando empoderar el estilo de vida en su propia

realidad, solo cada persona en el pequeño mundo azul es la mejor guía para cumplir su propósito de vida; Preciosa reina emperatriz, uno de los privilegios que otorga la coexistencia con tus propios sentimientos, es transformar los sentimientos interiormente en el corazón de otras personas, logrando convivir con los que te rodean.

De: el pequeño mundo azul, cariñosamente, el guardián de los sentimientos viste de escarlata.

10. Queen empress

To: the beautiful scientist woman philosophical icon of self-coexistence in the metaverse of the small blue world.

Queen empress, the feelings that occupy the body are innumerable, only at the beginning while you learn to coexistence with yourself submitting all kinds of feelings, the art of self-control is misinterpreted as cruel because in some circumstances the feelings that you perceive in the heart and that are an important piece in you ideal reality, tend to be dominated by control.

From: the small blue world, lovingly, the feelings keeper wear scarlet.

spanish version

Para: la bella mujer científica icono filosófico de la auto coexistencia en el pequeño mundo azul.

Reina emperatriz, los sentimientos que ocupan el cuerpo son innumerables, solo al principio mientras aprendes a coexistir contigo misma sometiendo todo tipo de sentimientos, el arte del autocontrol es mal interpretado como cruel porque en algunas circunstancias los sentimientos que percibes en el corazón y que son una pieza importante en tu realidad ideal, tienden a ser dominados por el control.

De: el pequeño mundo azul, cariñosamente, el guardián de los sentimientos viste de escarlata.

To: The golden hearted scientist, queen empress on the small blue world.
At the beginning, to identify in real time the feelings as the reaction that flowing inside each person, is to use the impartiality between the preferential feelings and the irrelevant feelings in the construction of an ideal and personalized reality for each person; Passionate heart of gold we are not cruel we, only learn to coexistence with the feelings of the heart in every circumstance of life making the small blue world go round for us, it is the purpose of making in the heart an emulsion of feelings voluntarily selected by us, when we create a new reality empowering any lifestyle chosen by each person.
From: the small blue world, lovingly, the feelings keeper wear scarlet.

spanish version

Para: La científica de corazón dorado, reina emperatriz en el pequeño mundo azul.
Al principio, identificar en tiempo real los sentimientos como la reacción que fluye en el interior de cada persona, es utilizar la imparcialidad entre los sentimientos preferenciales y los sentimientos irrelevantes en la construcción de una realidad ideal y personalizada para cada persona; Apasionado corazón dorado no somos crueles, solo aprendemos a coexistir con los sentimientos del corazón en cada circunstancia de la vida, haciendo que el pequeño mundo azul gire para nosotros, es el propósito de hacer en el corazón una emulsión de sentimientos que voluntariamente

seleccionamos, cuando creamos una nueva realidad empoderando cualquier estilo de vida elegido por cada persona.
De: el pequeño mundo azul, cariñosamente, el guardián de los sentimientos viste de escarlata.

11. Fascinating queen

To: the scientific empress of the rising sun, supernatural brightness on the small blue world.
Fascinating queen empress, twice, the sense of hearing and sight are relevant, one when they are used inside the mind of each person and two when they are used around them with the other senses in the small blue world, i think, in the mind the images and the sounds have a fundamental relationship to amplify the electromagnetic power of the feelings around each person, being like the major reddish diamond and the minor deep blue sapphire in the chromatic scale, both give a beautiful violet experience transforming the circumstances around people; Outstanding Science Empress, every day as you gain experience in the path that life offers you, you are more fascinating; The importance of the spontaneous brightness granted by self-control when we coexist with ourselves, is symmetrical to the importance of our voices when they amplify that universal electromagnetic power to persuade the circumstances around us in the small blue world, this is the beginning of a philosophical icon of self-coexistence.
From: the small blue world, lovingly, the feelings keeper wear scarlet.

spanish version

Para: la emperatriz científica del sol naciente, brillo sobrenatural en el pequeño mundo azul.

Fascinante emperatriz, dos veces el sentido del oído y de la vista son relevantes, la primera cuando son utilizados en la mente de cada persona y la segunda cuando son utilizados a su alrededor con los otros sentidos, pienso que en la mente las imágenes y los sonidos tiene una relación fundamental para amplificar el poder electromagnético de los sentimientos al rededor de cada persona, siendo como el unísono rojizo mayor y el azul profundo menor en la escala cromática; Sobresaliente emperatriz científica, cada día, a medida que adquieres experiencia en el camino que te ofrece la vida, eres más fascinante; La importancia del brillo espontáneo que otorga el autocontrol cuando coexistimos con nosotros mismos, es simétrica a la importancia de nuestras voces cuando amplifican ese poder electromagnético universal persuadiendo a las circunstancias que nos rodean en el pequeño mundo azul, este es el comienzo de un icono filosófico de la auto coexistencia.

De: el pequeño mundo azul, cariñosamente, el guardián de los sentimientos viste de escarlata.

To: the queen empress, persevering woman scientist of glorious recognition in north and south of the small blue world.

Beautiful empress queen you are the representation of self-coexistence granted by the domain implemented through the nine girls from the stars, who dominate "the feelings keeper" harmonizing feelings in the heart, as each person evolves to become an icon of self-coexistence in the creation of a new reality. Beauty and smart, sapphire woman, when thoughts are transformed into feelings create circumstances making reality into a ideal lifestyle. Observing our own mind all the time intensifies the senses to identify feelings, maybe it is a necessary rule to moves in the game of life, learning to coexist with the feelings of the body surely does not need a license; Feelings are transitory, all the time one feeling pulls while another feeling pushes both want to occupy the body, it is preferable, in advance, that self-control identifies "The feelings keeper" inside each person so that self-coexistence is established, while you dominate all feelings in the heart.

From: the small blue world, lovingly, the feelings keeper wear scarlet.

spanish version

Para: La reina emperatriz, mujer científica perseverante de glorioso reconocimiento en el norte y sur del pequeño mundo azul. Hermosa reina emperatriz eres la representación de la auto coexistencia otorgada por el dominio implementado a través de las nueve niñas provenientes de las estrellas, quienes dominan al guardián de los sentimientos armonizando los sentimientos en el corazón, a medida que cada persona evoluciona para convertirse en un ícono de la auto coexistencia, en la creación de una nueva realidad. Belleza e inteligencia, mujer zafiro, cuando los pensamientos se transforman en sentimientos crean circunstancias que hacen de la realidad un estilo de vida ideal. Observar nuestra propia mente todo el tiempo intensifica los sentidos para identificar sentimientos, tal vez sea una regla necesaria para moverse en el juego de la vida, aprender a coexistir con los sentimientos del cuerpo seguramente no necesita licencia; Los sentimientos son transitorios, todo el tiempo un sentimiento jala mientras otro empuja ambos quieren ocupar el cuerpo, es preferible, de antemano, que el autocontrol identifique al guardián de los sentimientos dentro de cada persona para que se establezca la auto coexistencia mientras se dominan todos los sentimientos en el corazón.

De: el pequeño mundo azul, cariñosamente, el guardián de los sentimientos viste de escarlata.

12. Lovely queen empress

To: the scientific empress, of exceptional strength with extraordinary eastern and western wisdom in the small blue world.

Lovely queen empress, use cunning while we breathe keeps balanced or keep away any feeling from our hearts, maybe it's another rule; I think that the uncontrolled instinctual feelings in the heart stuck as ideas in people's heads, make them create random realities in their daily life, it is like a game inside themselves in real time; If we allow a controlled spontaneous feeling it will be the fundamental principle, for our heart lead, then "we'll be better than anyone else" as philosophical icons of self-coexistence inhabiting the small blue world, in this universe willing to provide all the feelings, chosen at will own by the self-control and reflecting feelings in proportions of distance unimaginable.

From: the small blue world, lovingly, the feelings keeper wear scarlet.

spanish version

Para: la emperatriz científica, de fuerza excepcional con extraordinaria sabiduría oriental y occidental en el pequeño mundo azul.

Encantadora reina emperatriz, usar la astucia mientras respiramos mantiene equilibrado o aleja cualquier sentimiento en nuestro corazón, tal vez sea otra regla; Pienso que los sentimientos instintivos descontrolados en el corazón se adhieren como ideas en la cabeza de las personas, les hacen crear realidades aleatorias en su vida diaria, es como un juego dentro de ellos mismos en tiempo real; Si permitimos un sentimiento espontáneo controlado será el principio fundamental, para que nuestro corazón dirija, entonces "seremos mejores que nadie" como íconos filosóficos de la auto coexistencia habitando el pequeño mundo azul, en este universo dispuesto a proveer todos los sentimientos, elegidos a voluntad propia por el autocontrol y reflejando sentimientos en proporciones de distancia inimaginables.

De: el pequeño mundo azul, cariñosamente, el guardián de los sentimientos viste de escarlata.

To: the queen empress, exquisite ace of heart in the small blue world pastry.

The three tritones in nine half steps are the girls from the stars being icons of self-control that evolve as a talented woman known as an icon of self-coexistence in the small world; "Hearts lovingly crafted by pastry hands that shape an ace of donut with both curves pronounced above symmetrically to the right and left, while descending rapidly to unify in the middle; Of the best wheat grown by the electromagnetic solar wave following its tempo as the vehicle of nine haalf-steps that constitute "the feelings keeper" inside each person in warm days of blue sky; The heart of each one is a vessel specially molded to house an ideal reaction, chosen at will by each person to empowered their own lifestyle, while in the little blue world each person coexists internally with "The feelings keeper" in the small blue world.

From: the small blue world, lovingly, the feelings keeper wear scarlet.

spanish version

Para: la reina emperatriz, exquisito as de corazones en la pastelería del pequeño mundo azul.

Los tres tritonos en nueve semitonos son las niñas provenientes de las estrellas, siendo íconos de autocontrol que evolucionan en una mujer talentosa conocida como ícono de auto coexistencia en el pequeño mundo azul; "Corazones amorosamente elaborados por manos pasteleras que dan forma a un As de dona con ambas curvas pronunciadas hacia arriba, simétricamente a derecha e izquierda, mientras descienden rápidamente para unificarse en el medio"; "Del mejor trigo cultivado por la onda solar electromagnética siguiendo su tiempo como vehículo de nueve semitonos que constituyen al guardián de los sentimientos dentro de cada persona, en cálidos días de cielo azul"; El corazón de cada persona es una vasija especialmente moldeada para albergar una reacción ideal, elegida a voluntad por cada uno para empoderar su propio estilo de vida, mientras en el pequeño mundo azul cada persona coexiste interiormente con el guardián de los sentimientos.

De: el pequeño mundo azul, cariñosamente, el guardián de los sentimientos viste de escarlata.

13. Ace of hearts

To: the queen empress, sweet and exquisite aces of heart in the pastry of the small blue world.

"Ace of hearts without holes or deep voids, Ace complemented in the center with white vanilla cream, inside the ace it's the perfect feeling, cream that wraps like caramel sugar so sweet strawberry, and outside on its surface the ideal temperature sprinkled gold, granting by its authenticity the reflect of self-coexistence"; "The feelings keeper" is the prismatic black moon that is contained in the people heart´s reflecting all colors, or simply the white color of a valuable self-coexistence used to select by the will of each person the color of an ideal reality empowering a personalized lifestyle in the small blue world.

From: the small blue world, lovingly, the feelings keeper wear scarlet.

spanish version

Para: la reina emperatriz, dulces y exquisitos Ases de corazón en la pastelería del pequeño mundo azul.

"As de corazón sin agujeros ni vacíos profundos, As complementado en el centro con crema de vainilla blanca, dentro del As esta el sentimiento perfecto, crema que envuelve como un caramelo de azúcar tan dulce de fresa, y afuera en la superficie una temperatura ideal espolvoreada de oro, otorgando por su autenticidad el reflejo de la auto coexistencia"; El guardián de los

sentimientos es la luna negra prismática que está contenida en el corazón de las personas reflejando todos los colores, o simplemente el color blanco de una valiosa auto coexistencia utilizada para seleccionar por voluntad de cada persona, el color de una realidad ideal que empodera un estilo de vida personalizado en el pequeño mundo azul.

De: el pequeño mundo azul, cariñosamente, el guardián de los sentimientos viste de escarlata.

To: the outstanding queen empress in pastry shop.

The sweet taste of the only pleasant thought in the mind is the silence of thoughts; Precious queen empress freshly baked aces of heart, maybe the circumstance of interact with someone else is like an coffe espresso in the universe, here the small blue world has its own feelings and it is the circumstances around people; When someone involuntarily use their thoughts to feed innumerable feelings inside the heart, in real time pigment "The feelings keeper" black color, while reflect that instinctive reaction creating the reality around; To interact with other people in the small blue world, the first thing you should do is identify yourself as an philosophical icon of self-coexistence.

From: the small blue world, lovingly, the feelings keeper wear scarlet.

spanish version

Para: la destacada reina emperatriz en la pastelería.

El dulce sabor del único pensamiento agradable en la mente es el silencio de los pensamientos; Preciosa reina emperatriz, Ases de corazón recién horneados, tal vez la circunstancia de interactuar con otra persona es como un café espresso en el universo, aquí el pequeño mundo azul tiene sus propios sentimientos y son las circunstancias que rodean a las personas; Cuando alguien involuntariamente usa sus pensamientos para alimentar innumerables sentimientos dentro del corazón, en tiempo real pigmenta al guardián de los sentimientos de color negro, mientras refleja esa reacción instintiva creando la realidad a su alrededor; Para interactuar con otras personas en el pequeño mundo azul, lo primero que debes hacer es identificarte como un ícono filosófico de la auto coexistencia.

De: el pequeño mundo azul, cariñosamente, el guardián de los sentimientos viste de escarlata.

14. People identify

To: the outstanding queen empress, Ace of hearts, philosophical icons of self-coexistence.

People identify themselves as philosophical icons of self-coexistence in the universe, keeping in their hearts the feelings selected by their own will to create the ideal reality by empowering their lifestyle in real time; The coexistence with "The feelings keeper" can be compared to eating a donut shaped like an ace of hearts, whose sweet and fluffy vanilla center throbs at the moment someone implements self-control when the feeling of loneliness or any other feeling is in the heart; Feelings are like other people, when the reaction is identified in the heart, there are innumerable feelings approaching to say hello.

From: the small blue world, lovingly, the feelings keeper wear scarlet.

spanish version

Para: la destacada reina emperatriz, As de corazones, icono filosófico de la auto coexistencia.

Las personas se identifican como íconos filosóficos de la auto coexistencia en el universo, guardando en su corazón los sentimientos seleccionados por su propia voluntad para crear la realidad ideal empoderando su estilo de vida en tiempo real; La coexistencia con el guardián de los sentimientos puede compararse al comer una dona As de corazones, cuyo dulce y esponjoso centro

de vainilla palpita al instante que alguien implementa el autocontrol cuando el sentimiento de soledad o cualquier otro sentimiento está en el corazón; Los sentimientos son como otras personas, cuando la reacción se identifica en el corazón, son innumerables los sentimientos que se acercan a saludar.
De: el pequeño mundo azul, cariñosamente, el guardián de los sentimientos viste de escarlata.

To: the gentle queen empress in the perfect night in the moonlight. With absolute mastery you have dominate "The feelings keeper" inside her-self and inside each person; Queen empress from the window of the heart, i contemplate your shining summer sun on the eastern heights, while outside, the unexpected circumstances around her feed the thoughts keeping in the heart the feelings that the light generates when it bathes the flowers, it is a longed for moment, deciphering youir perfect night of moon and stars; Precious queen empress, in your life the experience, the wisdom, sincerity, love, glory, passion, strength have been fascinatingly intensifying, all known feelings in the small blue world accompany you with honorable admiration, while identifying you as philosophical icon of self-coexistence.
From: the small blue world, lovingly, the feelings keeper wear scarlet.

spanish version

Para: la dulce reina emperatriz en la noche perfecta a la luz de la luna.

Con absoluta maestría has dominado al guardián de los sentimientos dentro de ti misma y dentro de cada persona; Reina emperatriz desde la ventana del corazón, contemplo tu resplandeciente sol de verano en las alturas orientales, mientras afuera, las circunstancias inesperadas a tu alrededor alimentan los pensamientos guardando en el corazón los sentimientos que genera la luz cuando baña las flores, es un momento anhelado, descifrando tu perfecta noche de luna y estrellas; Preciosa reina emperatriz, en tu vida la experiencia, la sabiduría, la sinceridad, el amor, la gloria, la pasión, la fuerza se han ido intensificando fascinantemente, todos los sentimientos conocidos en el pequeño mundo azul te acompañan con honrosa admiración, al mismo tiempo que te identifican como ícono filosófico de auto coexistencia.

De: el pequeño mundo azul, cariñosamente, el guardián de los sentimientos viste de escarlata.

Bmb Dc Universe The First Self-coexistence Metaverse On The Web 3

To: the gentle queen empress in the small blue world metaverse.

Pretty lips of queen empress, i think, the mind is like the web 3 that store the metaverse of the small blue world with different artistic properties, owners of the four-leaf thought whose tritonal nature is configured as nine half steps on the chromatic scale; The mind is an appropriate space in real time to organize an auction with the isolated thoughts that came from innumerable circumstances captured by the senses, any person, in their own mind are the highest bidder of those thoughts that supply the electromagnetic power constituting one or several feelings of their ideal reality; This is the blockchain that builds a new reality with the lifestyle selected inside the small blue world by learning to coexist with oneself dominating the feelings in the heart, now the art of thoughts that supply the feelings is available to us and the people in the small blue world.

From: the small blue world, lovingly, the feelings keeper wear scarlet.

spanish version

Para: la gentil reina emperatriz en el meta verso del pequeño mundo azul.

Dulces labios de reina emperatriz, pienso que la mente es como la web 3 que almacena el meta verso del pequeño mundo azul con diferentes propiedades artísticas; Dueña del pensamiento de cuatro hojas cuya naturaleza tritonal se configura como nueve semitonos sobre la escala cromática; La mente es un espacio propicio en tiempo real para organizar una subasta con los pensamientos aislados provenientes de innumerables circunstancias captadas por los sentidos, cualquier persona, en su propia mente es el mejor postor de aquellos pensamientos que suplen el poder electromagnético constituyendo uno o varios sentimientos de su realidad ideal; Esta es la cadena de bloques que construye una nueva realidad con el estilo de vida seleccionado a voluntad dentro del pequeño mundo azul, aprendiendo a coexistir con uno mismo al dominar los sentimientos en el corazón, ahora el arte de los pensamientos que alimentan los sentimientos está disponible para nosotros y para las personas en el pequeño mundo azul.

De: el pequeño mundo azul, cariñosamente, el guardián de los sentimientos viste de escarlata.

Postcard A3 Pansy green

Printed by Libri Plureos GmbH in Hamburg,
Germany